STAR**TUP**

TIGH**TUP**

SEA**TUP**

ALL NIGHTUP

SWEA**TUP**

SPEN**TUP**

FEE**TUP**

TAR**TUP**

SE**TUP**

FIRS**TUP**

LAS**TUP**

FRON**TUP**

dus**TUP**

DREAM**TUP**

TREWE LOVE

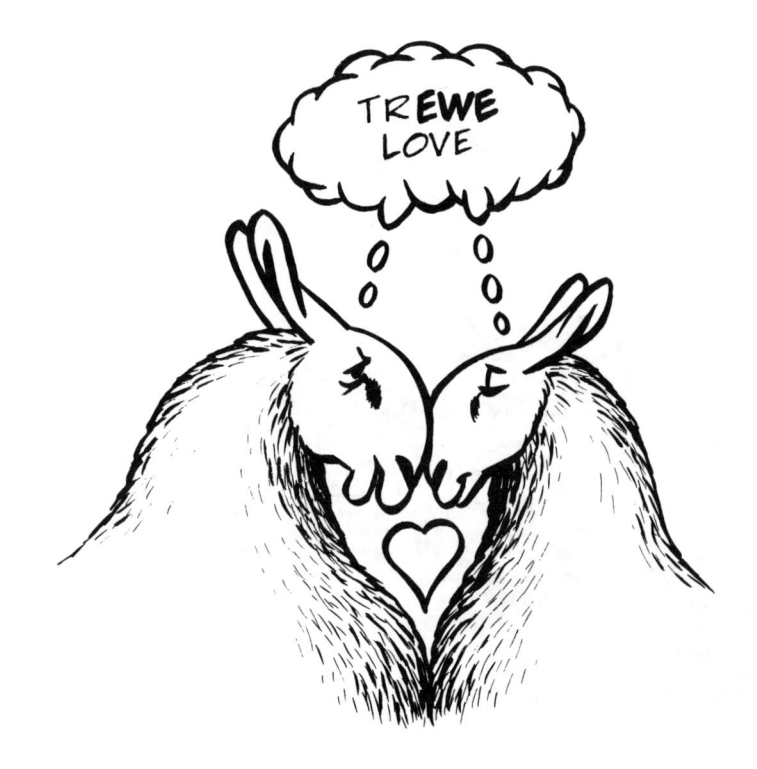

CHATUP

(COURTSHEEP)

STRAIGHT**TUP**

BUS**TUP**

BUIL**TUP**

WAITUP

EWEBANK.....

.......& **RAM**BO MEE**TUP**

SUFFOLK PUNCH

TUPPENNY ONE

BEA**TUP**

BEL**TUP**

PEN**TUP**

CAUGH**TUP**

SHOO**TUP**

SHIF**TUP**

THOUGH**TUP**

SLIP**TUP**

SEN**TUP**

MIX**TUP**

ALMOS**TUP**

RIGH**TUP**

DORSET DOWN

DORSE**TUP**

"WHAT **SUFFOLK** DAD?"

"THAT **SUFFOLK** SON!"

TUPPERWEAR

EWESER FRIENDLY

MARKTUP

MARK**EWE**

AMOUN**TUP** (ANOTHER **'BAA'** MADE)

REVEN**EWE** (NO THREE **'BAA'S'** MADE!)

VIRT**EWE**

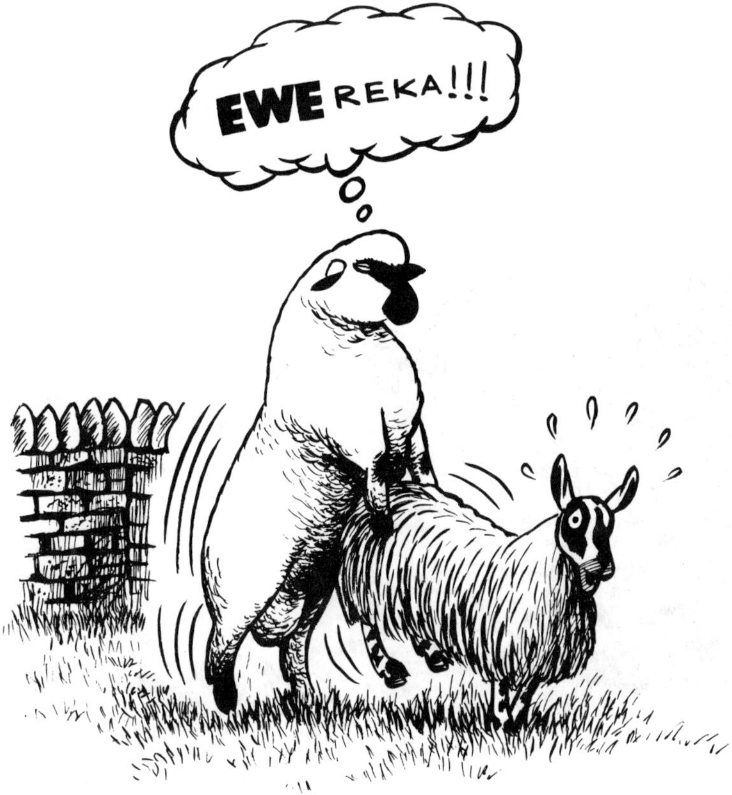
EWE REKA!!!

MEN**EWE** — À LA CART......

OR TABLE D'OAT

WINDY **WETHER**

SHIPIN LANE

EWE BOLT

EWE-TURN

EWETOPIA

EWEPHORIA

EWES FULL

EWESLESS

BLESS EWE

ILL **EWE**MOUR

EWETHENASIA

EWESADDIT

BAAbaquEWE

RESID**EWE**

RAMparts

DIAGRAM (SHIPSHAPE)

APPRENTI**SHEEP**

RAM HOME

CENSOR **SHEEP**

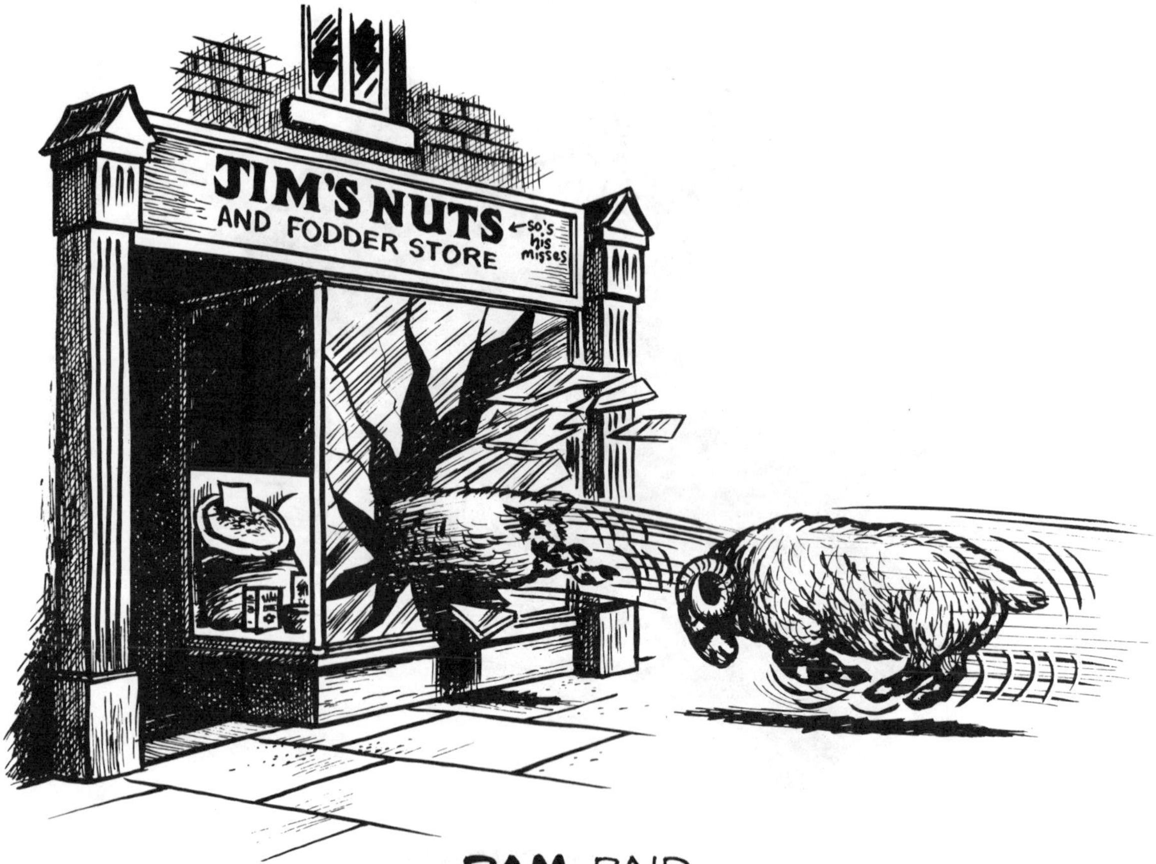

RAM RAID

RAMBLUR

BARLAMB

BAATENDER

BED**LAMB**

CONF**EWES**

BAACODE

BAAGAIN

BAAter

BOUGH**TUP** & FLEECED

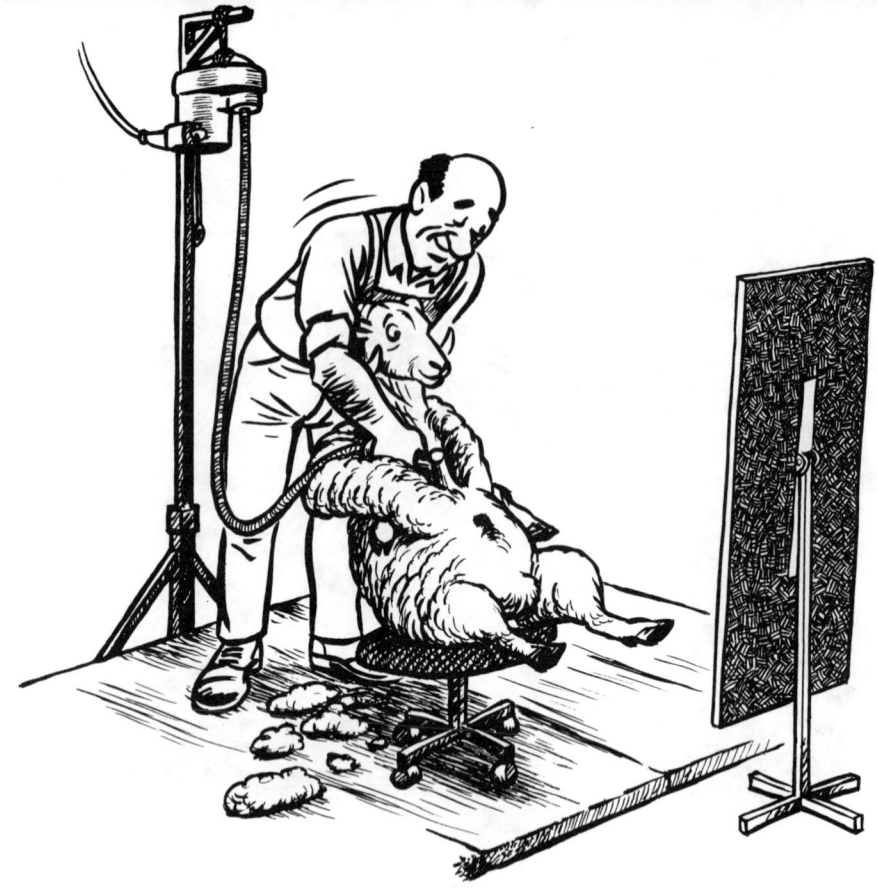

BAAber

CUTUP & FLEECED

IMPROMPTEWE